身近な材料でハンドメイド
かんたん
手づくり雑貨

寺西 恵里子

家の光協会

身近な材料でハンドメイド
かんたん 手づくり雑貨

- はじめに・・・・・・・・・・ 4
- この本の作品は・・・・・・・ 5
- 手作りでいつまでも元気に！・・ 6
- 脳と心を元気にする手づくり・・ 7

PART 1 エコで楽しむ

新聞紙とボンドだけでできる
新聞紙バスケット
- 大きな丸いバスケット・・・・・ 10
- 細長いバケツ型のバスケット・・ 11
- 楕円で浅いバスケット・・・・・ 11

広告チラシでできる
広告チラシのかご
- 持ち手つきのフルーツかご・・・ 14
- お花のかご・・・・・・・・・・ 17

端切れと牛乳パックでできる
牛乳パックのメガネケース
- お花のメガネケース・・・・・・ 18
- 持ち手つきメガネケース・・・・ 21
- シンプルメガネケース・・・・・ 21

針金ハンガーと毛糸でできる
ワイヤーハンガーモップ
- ハートのハンガーモップ・・・・ 22
- 2つ折りのハンガーモップ・・・ 25

思い出の服でできる
リメイクベア
- チェックのベア・・・・・・・・ 26
- スウェット地のベア・・・・・・ 29

PART 2 身につけて楽しむ

ジーンズでできる
ジーンズ帽子
- リバーシブルの帽子・・・・・・ 42

縫い合わせるだけでできる
あったかドカン
- フリースのドカン・・・・・・・ 44

手縫いでもできる
アームカバー
- フリースのアームカバー・・・・ 46
- 青いアームカバー・・・・・・・ 46

ざくざく縫うだけでできる
万能防災頭巾
- 防災グッズ入り防災頭巾・・・・ 48

横地でできる
カンタンかっぽう着
- 花柄のかっぽう着・・・・・・・ 54

新聞紙でささっとできる
新聞紙ケース
- 新聞紙のボックス型ケース・・・ 30
- 新聞紙のお皿型ケース・・・・・ 32

チラシや雑誌でできる
折り紙ぽち袋
- 折り鶴ぽち袋・・・・・・・・・ 34
- 折り鶴箸袋・・・・・・・・・・ 37

CONTENTS

PART 3 自然素材で楽しむ

好きな植物でできる
毛糸の苔玉
- カラフル毛糸の苔玉・・・・・・ 58
- 下げる毛糸の苔玉・・・・・・ 59
- 毛糸の苔玉いろいろ・・・・・・ 61

切った枝でできる
葉っぱのリース
- オリーブのリース・・・・・・ 62

野菜の端っこでできる
野菜スタンプのふきん
- ちんげん菜のバラふきん・・・ 64
- れんこんの花ふきん・・・・・ 65
- ピーマンのクローバーふきん・・ 65

野菜の端っこでできる
ペットボトルのリボベジ
- ペットボトルプランター・・・・ 66

PART 4 贈って楽しむ

口金で簡単にできる
かわいいがま口
- 古い着物のがま口・・・・・・ 72
- ピンクのがま口・・・・・・ 73
- ブルーのがま口・・・・・・ 73

あっという間にできる
腕編みマフラー
- ベージュの腕編みマフラー・・・ 76
- 紺色のマフラー・・・・・・・ 79

小さな布でできる
刺し子コースター
- 縁起物のコースター・・・・・ 80

塗り絵でできる
プラ板ブレスレット
- 野菜やフルーツのブレスレット・ 82

細編みでできる
洗剤のいらないタワシ
- 野菜のタワシ・・・・・・・・ 84

コラム1
母が教えてくれたこと・・・・・・38

コラム2
女性グループが教えてくれたこと・・52

おわりに・・・・・94

はじめに

手作りは誰もが楽しくなる
不思議な力を持っています。

それは、
ものを作ることが
人間の本質であって
喜びだからだと思います。

そして、
手作りは優しさです。
作る喜び、使う喜び、贈る喜び
たくさんの優しさに出会えます。
手作りで楽しい時間を
過ごすことができ、
作ったものが使える喜びを
感じてもらえれば‥‥

その優しさが脳や心に響き
手作りが生きる力に変わることを
知ってほしいと思います。

小さな作品に大きな願いを込めて……

寺西 恵里子

この本の作品は

手作りを楽しんでもらいたい想いを
大切に作りました。

4つの章からできています。

PART 1 エコで楽しむ

PART 2 身につけて楽しむ

PART 3 自然素材で楽しむ

PART 4 贈って楽しむ

ひとりで作ってもいいし
みんなで集まって作ってもいいし！

楽しんで作れることが1番です。

さあ、好きなものから
作ってみましょう！

ちょっとくらい歪んでも大丈夫！
楽しんで作ってください。

手作りでいつまでも元気に！

ハンドメイドの良さは
考えて脳を動かし
手を動かすことだけではありません。

作ったものが心に響いてきます。
心を動かすことで
ハンドメイドが
生きる力に変わっていきます。

105歳まで生きた祖母は手作りが好きな人でした。
まわりの人のために
着物を縫ったり、布団を直したりしていました。
縫っている横で色々な話をしてもらって
楽しかったのを覚えています。

100歳まで生きた曽祖母は
100歳まで台所に立ち
好きなものを食べさせてくれました。
誰が何を好きというのをよく知っていて
食べているのを嬉しそうに見ていました。

思い出すと
手作りの横には笑顔があって
それが長生きの秘訣だったように思います。

手作りで生まれる笑顔は、たくさんあります。

脳と心を元気にする手づくり

ハンドメイドは
さまざまな行為がともないます。

そして、その行為によって
いろいろなことが身につきます。

ハンドメイドで得られること

やろうと思った時
好奇心

作り方を考える時
想像力・構想力

作っている時
指先の訓練

材料を選ぶ時
判断力

人に見せたり贈ったりした時
絆・感謝

できあがった時
達成感

振り返った時
思い出・記憶力

ハンドメイドで生きる力を……

PART 1
エコで楽しむ

捨ててしまえばゴミだけど……
ちょっとした工夫でよみがえる……
それがリメイクの魅力です。

リメイクには
もの大切にする優しさがあり、
ものを生み出す楽しさや工夫があります。

捨てる前にちょっと考える……
それが、楽しい習慣になっていきます。

エコを楽しむ……

小さなきっかけから
感じ取れるものはたくさん。

地球に優しい、ちょっといいこと。
楽しんで作ってみてもらえれば……

新聞紙がかごに
古着がベアに
驚きのリメイクを
エコで
楽しみましょう

新聞紙とボンドだけでできる
新聞紙バスケット

新聞紙をたたんで作った棒で骨組みを作り
張り子のように新聞紙を貼っていくだけ！
好きな形に作れるのがいいですね。

大きな丸いバスケット

仕上げに接着剤を塗ると硬くなるので
大きなバスケットも作れます。

作り方 P12

エコで楽しむ

細長いバケツ型の バスケット

好きな大きさで作れるのも魅力。
鉢カバーにもなります。

1つお部屋にあるだけで、
おしゃれなバスケットです。

材料・寸法 P13

楕円で浅い バスケット

持ち手つきで持ち歩けるのも便利。
編みかけの毛糸入れにも……

脳に‥‥

骨組みをきれいに作る
ために、考えたり、新
聞紙のどこを使うとき
れいにできるか考えた
りするのがいいですね。

心に‥‥

新聞紙をリサイクルで、
使えるものにした喜び
があります。

材料・寸法 P13

大きな丸いバスケット

材　料	用　具
新聞紙：7-8枚	はさみ ホッチキス 木工用ボンド ふで 水

作り方

1 新聞紙の棒を作る

1 新聞紙を1ページに切り、半分に折ります。

2 もう一度半分に折ります。

3 もう二度半分に折り、棒にします。

4 ホッチキスで端から約7cmおきにとめます。この棒を12本作ります。

2 土台を作る

1 棒4本を十字、斜め十字に重ね、ボンドで貼ります。

2 中心に直径10cmくらいの円に切った新聞紙を表と裏に貼ります。

3 棒2本で105cmの棒を作り、輪にして端と端をホッチキスでとめます。

4 輪に8等分に印をつけ、**2**の端をホッチキスでとめます。

5 端がとまったところです。

6 97cmの棒の輪を作り、5cm下にホッチキスでとめます。

土台ができました。

7 84cmの棒の輪を作り、5cm下にホッチキスでとめます。

エコで楽しむ

3 新聞紙を貼る

1 水溶きボンドを作ります。ボンド2：水1で溶きます。

2 15cm×10cmくらいに切った新聞紙全面に、水溶きボンドを塗り、底から貼っていきます。

3 重ねながら、内側と外側に貼ります。

4 持ち手をつける

1 棒1本で上をはさんで、4cm折り返して、ホッチキスで端をとめます。

2 反対側も同様にとめます。

3 縦の棒（★）をはさんで2本とめます。

5 全体に新聞紙を貼る

1 新聞紙を全体に貼ります。5cm×10cmが貼れたら、次に10cm×7cmも全体に貼ります。

2 一度乾かします。

3 持ち手は10cm×7cmを巻くように貼り、中心15cmは2本まとめて貼ります。

4 最後は7cm×4.5cmを貼ります。縁は内側から、外に貼ります。

6 仕上げにボンドを塗る

1 乾かしてから、水溶きボンドを全体に塗り、再度乾かします。

できあがり！

バリエーション

細長いバケツ型のバスケット

材料
新聞紙：6-7枚

56cm
φ25cm
23cm
φ19cm

楕円で浅いバスケット

材料
新聞紙：5-6枚

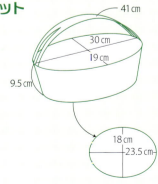

41cm
30cm
19cm
9.5cm
18cm
23.5cm

広告チラシでできる
広告チラシのかご

「広告チラシで作ったの!?」と
誰もが驚くこと間違いなしのかごです。
形や大きさも自由に作れます。

**持ち手つきの
フルーツかご**

思ったより、短時間で
簡単に作れます！

心に‥‥
捨てればゴミになってしまうチラシがよみがえることに、感動します。

脳に‥‥
編み方の理屈を考えたり、きれいに編む工夫をしたり、常に考えて編むことが、脳に刺激を与えます。

エコで楽しむ

持ち手つきフルーツかご

材　料	用　具
広告チラシ：18〜20枚 ワイヤー：#22　48本	のり　はさみ 木工用ボンド 定規 洗濯ばさみ はけ

専用のラッカー（あんでるせんコート液）：マホガニー

巻き棒：太（直径8mm）
※編み棒の12号棒針でも代用できます。

作り方

1 くるくる棒を作る

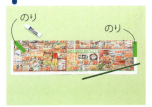

1 15cmに切った広告チラシに、写真のようにのりをつけ、巻き棒を紙の対角線の角度に置きます。

2 端から、巻き棒をずらしながら巻いていきます。

3 最後まで巻き、端をしっかりとめます。

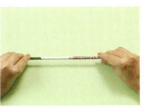

4 巻き棒を抜きます。できた棒を「くるくる棒」といいます。

5 くるくる棒を54〜60本くらい作ります。

2 底を作る

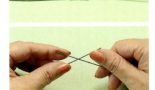

1 ワイヤー2本の先をねじって、つなげます。12本作ります。

2 くるくる棒につなげたワイヤーを入れます。

3 ワイヤー入りくるくる棒6本を、中心で写真のように井桁に組みます。

4 右上の1本を折ります。

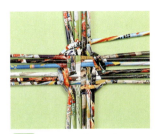

5 上、下とに交互に、写真のように2周します。これで根元を固定します。

6 放射線状に広げます。

棒のつなぎ方

細い方：巻き終わり
太い方：巻き始め

細い方にボンドをつけて、太い方に3cmくらいさし込みます。

15

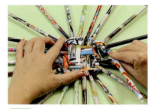
7 上、下と1本ずつ交互に編みます。

8 直径20cmまで編みます。

3 側面を編む

1 底を裏返し、定規を使って立ち上げます。

2 そのまま上、下と交互に編み進みます。縦の棒を外側に広げながら、編みます。

3 高さ10cm、直径25cmくらいに編み、編み終わりをボンドで内側にとめます。

4 縁をかごどめする

1 縦の棒が短いので、ワイヤーを1本入れ、くるくる棒をつなぎます。(P15右下参照)

2 縦の棒を縁から16cmで切ります。

3 縁から2cmのところで折り、右の棒から内側、外側、内側とかけます。

4 2本めも同じように、内側、外側、内側とかけます。

5 最後から2本めも、内側、次の編まれた棒の外側から内側へかけます。

6 最後の1本も、編まれた棒の内側、外側、内側とかけます。

5 持ち手をつける

1 くるくる棒2本をかごどめの手前に、縦の棒をまたいで通します。

2 約10cmで折り曲げ、セロハンテープでとめます。持ち手を42cmの長さにし、反対側も同じようにとめます。

3 2本をまとめ、くるくる棒で巻きます。

4 かごが編めました。

6 仕上げ

1 くるくる棒でリボンを作り、結び目にワイヤーを通します。

エコで楽しむ

2 ラッカーを塗ります。

3 塗り残しがないように、すきまにもはけを入れます。

4 かごとリボンを塗りました。

5 乾かしてから、リボンのワイヤーをかごに通し、後ろでねじります。上から3cmのところにつけます。

できあがり！

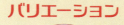

バリエーション

お花のかご

底を小さく、高さを高く編んでゴミ箱や鉢カバーに！

お花のかご

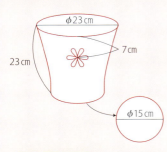

φ23cm / 23cm / 7cm / φ15cm

材料

広告チラシ：18〜20枚
ワイヤー：#22　48本
専用のラッカー
（あんでるせんコート液）：
ブルー
※花の作り方はP89

端切れと牛乳パックでできる
牛乳パックのメガネケース

牛乳パックはとっても丈夫！
それを芯にして作るメガネケースです。
お花をつけてワンポイントに！

お花の
メガネケース

端切れは、古着を
切ってもいいですね。

心に‥‥
捨ててしまうものをよみがえらせ、役にたつものを作ることで心が豊かになります。

脳に‥‥
牛乳パックを形にしたり、布の貼り方を考えたり、1つ1つの動作に頭を使うのがいいですね。

エコで楽しむ

お花のメガネケース

材　料	用　具
牛乳パック(1000mℓ)：1本 端切れ：適量	はさみ　定規 鉛筆　セロハンテープ 木工用ボンド　水 はけ　洗濯ばさみ

作り方

1 牛乳パックを形にする

1 牛乳パックを切り開きます。

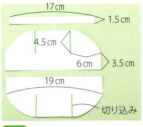

2 牛乳パックを形に切ります。
※実物大の型紙はP20

3 切り込みで1.3cm重ねて、セロハンテープで貼ります。

4 底を重ねて、5cm幅にし、セロハンテープで貼ります。

2 布を貼る

5 形ができました。

1 3.5cm角くらいに布を切ります。

2 木工用ボンドを水で溶きます。
(ボンド1：水1)

3 布にボンドを塗ります。

4 牛乳パックに貼ります。重ねて貼っていきます。

5 外側から内側に貼ります。

6 できたら、セロハンテープで広がらないようにとめます。

3 持ち手をつける

1 端から布を貼っていきます。

4 花をつける

2 全体に布を貼ります。

3 持ち手をボンドで貼り、洗濯ばさみでとめます。

1 3cm幅×30cmの布を2枚切ります。

2 半分に折り、ボンドで貼ります。

3 3mm幅で長さ1.1cmの切り込みを入れます。

4 切り込みを入れたところです。

5 根元にボンドをつけながら、端から巻いていきます。

6 花ができました。

できあがり！

7 持ち手の上に花をボンドでつけます。

ワン ポイント アドバイス

アレンジも簡単！

メガネの幅に合わせて、幅を変えたり、長さを短くしたりもできます。

よりしっかり作るには

できあがったら、もう一度、水で固めに溶いた木工用ボンドを塗ると、よりしっかりします。

実物大の型紙

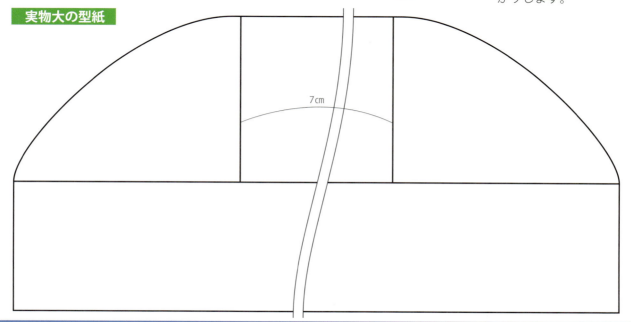

7cm

エコで楽しむ

バリエーション

シンプルメガネケース

布を選べば、男性用にも！プレゼントにいいですね。

持ち手つきメガネケース

材料・作り方

材料と作り方はP19お花のメガネケースと同じで、花はつけません。

シンプルメガネケース

材料・作り方

材料と作り方はP19お花のメガネケースと同じで、持ち手と花はつけません。

持ち手つきメガネケース

木工用ボンドは乾くと硬くなるのでしっかりした作りに仕上がります。

針金ハンガーと毛糸でできる
ワイヤーハンガーモップ

ハート型がかわいいハンガーモップです。
お部屋に1つあるといいですね。

ハートの ハンガーモップ

形がかわいいので、プレゼントにもぴったり。

心に‥‥
作って、掃除して、どちらも気持ちが爽やかになりますね。

脳に‥‥
数を数えたり、方向を間違わないように考えたり、いろいろな動作に注意を払うのが脳にいいですね。

エコで楽しむ

ハートのハンガーモップ

材　料	用　具
ワイヤーハンガー：1本 ハマナカボニー： 　エンジ(450)、 　ピンク(474) 各20g ビニールテープ：白	段ボール はさみ ペンチ アイロン

作り方

1 毛糸を切る

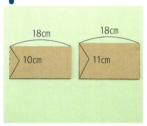

1 段ボールを2枚切ります。

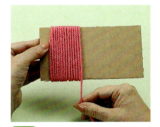

2 11cm幅の段ボールにピンクの毛糸を30回巻きます。

3 はさみで上の輪を切ります。

4 **2**・**3**を3回繰り返し、内側用を90本作ります。

2 ハンガーに毛糸を巻く

5 10cm幅の段ボールとエンジの毛糸で、**2**・**3**を4回繰り返し、外側用を120本作ります。

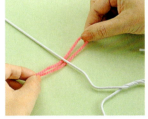

1 内側用の毛糸の1本を二つに折り、ハンガーにかけます。

2 糸端を輪に通します。

3 糸端を引っ張ります。

3 本体を形にする

4 ハンガーの上側に45本ずつつけます。

5 ハンガーの下側に外側用を120本つけます。

1 アイロンをかけ、整えます。(かけなくても大丈夫です)

2 下側の中心を上側に曲げます。

3 下側の中心と上の中心を合わせます。

4 別糸で中心同士を結びます。

5 4の糸をモップの長さに切ります。

6 写真のように1本ずつ外側に折ります。

4 持ち手をつける

7 先を中心に合わせるように折ります。

8 M型になりました。

9 下と中心を別糸で結び、5のように糸を切ります。

1 ハンガーの先を丸めます。

5 持ち手にリボンをつける

2 ビニールテープで、輪にした部分と根元をとめます。

3 5mぐらいの毛糸玉を作り、ハンガーに結び、持ち手を巻きます。

4 巻いたところです。

1 60cmの別糸3本をひと結びし、机に貼ります。左の糸を中心に持ってきます。

2 右の糸を中心に持ってきます。左、右と繰り返し、三つ編みをします。

3 42cmの三つ編みを編み、端を結びます。

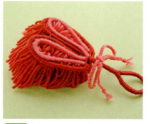
4 持ち手の根元に結び、できあがりです！

バリエーション
ブルーのハンガーモップ
材料
ハマナカボニー：
ブルー(472)、
グリーン(498) 各20g
作り方はハートのハンガーモップと同じ

エコで楽しむ

2つ折りのハンガーモップ

バリエーション

ハンガーを2つ折りにしたシンプルなモップです。
毛糸の色選びも楽しいですね。

2つ折りのハンガーモップ

材料

[モスグリーン&オレンジ]
ハマナカボニー：
モスグリーン(494)、
オレンジ(414) 各20g

[エンジ&グレー]
ハマナカボニー：
エンジ(450)、
グレー(481) 各20g

作り方

1 毛糸を切って巻く

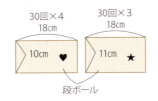

30回×4　30回×3
18cm　　18cm
10cm ♥　11cm ★
段ボール

2 糸をハンガーにつける

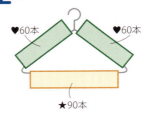

♥60本　♥60本
★90本

3 モップの形にする

4か所とめる

この後はハートのハンガーモップの4、5と同じ

思い出の服でできる
リメイクベア

子どもの頃の服や、お父さんの背広など、着なくなってしまった思い出の服をベアにして、そばに置いてあげましょう。

チェックのベア

娘の子どもの頃の
ジャンパースカートをベアに‥‥

脳に‥‥
洋服のどこを切ってどんな柄に仕上がるのかを考えたり、パーツを間違えないように気をつけたりが、脳を刺激します。

心に‥‥
見るたびに思い出して、心が温かくなります。

エコで楽しむ

チェックのベア

材　料	用　具
古着	はさみ
足布(木綿)：適量	定規
刺しゅう糸：適量	針 糸
化繊綿：適量	木工用ボンド
ジョイント：直径2cm 1セット	竹串
グラスアイ：直径1cm 2個	目打ち
	菜箸

ジャンパースカートのスカート部分で作りました。

作り方　※実物大の型紙はP90

1 パーツを切る

1 頭中心以外は、左右対称に、2枚ずつ切ります。

半返し縫い

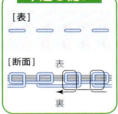

[表]
[断面]　表／裏

2 耳と頭を作る

ミシンまたは半返し縫い　0.8cm　返し口

頭後ろ　★　☆　顔　♥

1 耳は、返し口を残してまわりを縫います。

2 顔と頭後ろを縫い合わせます。★から♥を縫い、2枚合わせて、☆から♥を縫います。

3 手足、ボディを作る

★　☆

返し口

3 2と頭中心を縫い合わせます。返し口とジョイント入れ口をあけて縫い合わせます。

1 ジョイントの穴をあけるところの裏に、木工用ボンドを塗っておきます。

2 足を作ります。2枚合わせて、返し口を残してまわりを縫います。

3 足裏を縫い合わせます。

返し口

返し口

4 手の裏と手(内側)を縫い合わせます。

5 手(外側)に重ね、返し口を残して、まわりを縫います。

6 ボディ前と後ろ2枚をそれぞれ縫い合わせます。

7 ボディ前と後ろを縫い合わせます。

4 綿を入れる

8 表に返して、パーツができました。

1 目打ちでジョイントの穴をあけます。

2 ジョイントのディスク(突起がある方)を入れ、穴から出します。

3 手、足、頭にディスク(突起がある方)を入れます。

4 綿を入れます。菜箸などで端までしっかり詰めます。

5 返し口をコの字とじで縫います。

コの字とじ
布端の折り山を突き合わせて、交互にすくって縫う

6 ボディ以外のパーツができました。

5 ボディに、頭、手足をつける

1 ボディの穴に手のディスクの突起を入れます。

2 ボディの内側からジョイントのワッシャー(大きな輪)をさします。

3 その上にジョイントのストッパー(小さな輪)をさします。

4 手がつきました。

5 同じように手足をつけます。

6 頭をつけ、ボディに綿を入れとじます。

6 耳をつけ、目をつける

1 耳を頭にコの字とじでつけます。

2 両耳つけます。

エコで楽しむ

7 刺しゅうをする

3 首の下から針を入れ、目をつけます。

4 両目をつけたところです。

1 鼻を刺しゅうします。

鼻の刺しゅうの仕方

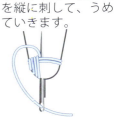

1 鼻の横に糸を、2、3回渡します。
- 縫い目
- 1.1cm
- 刺しゅう糸 6本取り

2 1の糸と鼻の縫い目を縦に刺して、うめていきます。

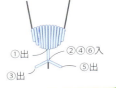

3 鼻の下から糸を出し、口を刺しゅうします。
- ①出 ②④⑥入
- ③出 ⑤出

2 手足に刺しゅうをします。

0.7cm / 1cm / 0.8cm / 0.9cm

できあがり！

バリエーション

スウェット地のベア

布とスウェット地がコラボした服からボタンや柄布をいかして作ります。
少し伸びて、丸くなるのもかわいい！

スウェット地のベア
1枚のポロシャツから同じように作ります。

新聞紙でささっとできる
新聞紙ケース

なにか入れ物が必要！
そう思った時にすぐに作れる
新聞紙を折って作れるケースです。

新聞紙のボックス型ケース

2、3枚重ねて折るので、
とても丈夫です。

新聞紙2ページ3枚重ね

新聞紙1ページ3枚重ね

心に‥‥
自分が折ったものが、役にたつのはうれしいですね。

脳に‥‥
折り紙は、折る工程を考えるのも指先を使うのもいいですね。

エコで楽しむ

新聞紙のボックス型ケース

材　料
新聞紙：
　1ページ又は2ページを2、3枚

用　具
はさみ：
　（大きさを小さくする時に）
のり：
　（より丈夫に作る時に）

折り紙の記号
谷折り　------
山折り　— — — —
折り目　―――

作り方の見方
写真は下の文章で折ったところです。折り線などの記号は次に折るところを表しています。
※表裏がわかりやすいように折り紙を使っています。

作り方

1 新聞紙を重ねます。

2 横半分に折ります。

3 広げます。

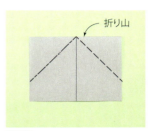
4 縦半分に折ります。

5 角を三角に真ん中まで折ります。裏返して、反対側も同じに折ります。

6 下の1枚を巻くように、3回折ります。

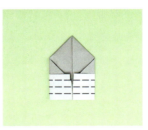
7 裏返して、左右を真ん中に折り合わせます。

8 下を巻くように、3回折ります。

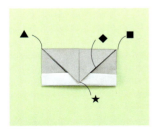
9 上を折り下げます。

10 広げて、上を三角にたたみます。

折り線

できあがり！

バリエーション

新聞紙のお皿型ケース

便利なお皿型のケースです。
器のかわりに
ササッと作れたらいいですね。

新聞紙1ページ横の正方形
3枚重ね

のりでポイントを貼ると、
より丈夫になります。

新聞紙1ページ
または2ページを
2、3枚

新聞紙30cm角2枚重ね

エコで楽しむ

新聞紙のお皿型ケース

材 料
新聞紙：
P32の大きさ、枚数を参照

1 新聞紙を正方形に切り、重ねます。

2 三角に折ります。

3 もう一度三角に折ります。

4 写真のように開いてたたみます。
（反対側も同じ）

5 左右の角を真ん中に折り合わせます。
（反対側も同じ）

6 **5**で折ったところを左右とも開いてたたみます。
（反対側も同じ）

7 上の三角を折り下げます。
（反対側も同じ）

8 三角の先を内側に折ります。
（反対側も同じ）

9 もう一度内側に折り、中に入れます。
（反対側も同じ）

10 広げます。

11 左右の角を内側に折ります。

できあがり！

ワン ポイント アドバイス
きれいにしっかり作るポイント

1回折るたびに、折り目を定規などでこすって折り目をしっかりつけると、きれいに仕上がります。

作り方**9**と**11**の折るところでのりで貼ると、しっかりします。

33

チラシや雑誌でできる
折り紙ぽち袋

広告チラシや雑誌の綺麗なページを
コラージュして、折るだけ！
鶴が折れれば簡単です。

折り鶴ぽち袋

ジュース代やチケット代、
ちょっとお金を
返すときにも便利です。

脳に‥‥
折り鶴は折ったことが
ある折り紙。
思い出すことは脳にい
い上に指先も使いより
効果があります。

心に‥‥
プレゼントすることに
よって、驚かれたり、
褒められたりするのは
いいですね。

エコで楽しむ

折り鶴ぽち袋

材　料	用　具
広告チラシや雑誌	はさみ スティックのり 定規

折り紙の記号
- 谷折り　------
- 山折り　------
- 折り目　――――

作り方の見方
写真は下の文章で折ったところです。折り線などの記号は次に折るところを表しています。
※表裏がわかりやすいように折り紙を使っています。

作り方

1 紙を作る

①22cmの正方形に切ります。

2 折る　ここから表裏が解りやすいように折り紙を使っています

①裏にして、十字に折り目をつけます。

②左下を真ん中に合わせて折り上げます。

③右下を真ん中に合わせて折り上げます。

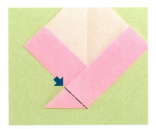

④中の角を写真のように引き出します。

⑤写真のように➚の部分を開いてたたみます。

⑥⑤の上の左右を真ん中に折り合わせます。

⑦下の角を折り上げます。

⑧⑥、⑦を戻し、折り目をつけます。

⑨⑧を折り目で開いてたたみます。

⑩⑨の上の左右を真ん中に折り合わせます。

⑪左を写真のように折ります。

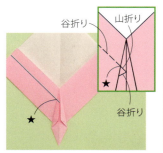
12 11を折り戻します。

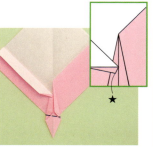
13 ★の角を手前に引き出して、たたみながら折り目で折り、頭を作ります。

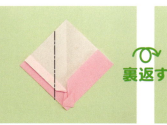
14 下を写真のように折り上げ、羽を作ります。

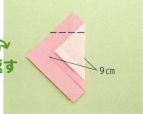
15 裏返して、右を9cm折ります。

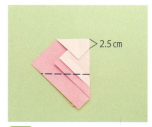
16 上を折り下げます。

17 上を半分に折り下げ、裏返します。

18 右と左の角を合わせて折ります。

19 はみ出た部分を折ります。

20 19を内側に差し込みます。

できあがり！

ワン ポイント アドバイス

折った後に、文字や柄が変なふうに出てしまったときは、気になるところに紙を貼ってもいいですね。

バリエーション
折り鶴箸袋

材料
広告チラシや雑誌
紙の大きさは同じです。

※表裏が解りやすいように折り紙を使っています。

1 2 14まで同じ様に折ります。

2 裏返して、右を9.5cm折ります。

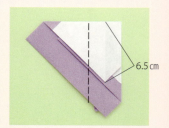
3 上を6.5cm折り下げます。

エコで楽しむ

バリエーション

折り鶴
箸袋

箸袋にアレンジするのも簡単です！
たくさん作っておいてもいいですね。

できあがり！

4 右を4.5cm折ります。

5 はみ出た部分を折ります。

6 5を内側に差し込みます。

コラム1
母が教えてくれたこと

母はからだが弱かったので
小学校で途中で雨が降ってきても
傘をもってきてくれたことはありませんでした。

でも、私の子どもの頃の服は、全て母の手作り。
お誕生日には、当時では珍しい手作りのケーキ。
小さい頃から手作りの中に埋もれて育ちました。

そんな母が倒れたのは43歳でした。
今思えば・・・本当に若かった。

倒れたあとは、右手右足が不自由に。
言葉も上手にでてこない。
だけど、いつも明るく、楽しそうでした。

片手で料理を作り、片手で縫いものをし、
作ることを最後までやめませんでした。

片手で刺しゅうしている母の横に座って
綺麗だねと話していたのを覚えています。

小さい頃を振り返っても
手作りと思い出が一緒になっています。

おもちゃ箱に母が描いた
私と弟の似顔絵が貼ってあったこと。

ボタン屋さんでボタンを一緒に探したこと。
自分のセーターにあった母の刺しゅう・・・

短い一生でしたが、手作りのおかげで
思い出はたくさんあります。

そして、
手作りの周りにはいつも
楽しい笑顔があったと思います。

そんな母から受けつぐように
作品を作り続ける日々・・・

手作りが人を笑顔にし、
生きる力を強くし、幸せにつながることを
人に伝えられるのは・・・

　　　　　　　　　　　母が教えてくれたこと。

PART 2
身につけて楽しむ

作ったものを身につける……

そのあたたかさが

手作りの魅力です。

作っている時間が楽しく

身につけていることが嬉しく

たくさんの想いがあります。

これ作ったの！と見てもらえるのも

魅力の1つです。

身につけて楽しむ……

縫い目が揃ってなくても

少しくらい歪んでも大丈夫。

そんなことより大事なことが

見ている人にも伝わるので……

エプロンや帽子
アームカバーまで
簡単に作れるので
身につけて
楽しみましょう。

ジーンズでできる
ジーンズ帽子

はかなくなったジーンズで
いろいろなシーンで使える
便利な帽子を作りましょう！

リバーシブルの帽子

脇につけたひもで
いろいろな形に変化します。

ストレッチ性のジーンズを使ったので、
柔らかい雰囲気に仕上がります。

脳に‥‥
間違って布を切った
りできないので、慎
重に！と頭が働くの
がいいですね。

心に‥‥
作ったものを身につける
こともですが、人に褒め
られたりすると、気持ち
に張りがでますね。

身につけて楽しむ

シーンに合わせていろいろに変わります。

後ろのブリムのほうが長いので、ひもを結ぶと、日よけ効果抜群。

裏にすれば、雰囲気も変わります。

ブリムをあげても。

ひもを後ろや上にリボン結びするとアクセントに！

たたむと小さいので持ち運びにも便利！

リバーシブルの帽子

材　料	用　具
ジーンズ：1本 裏布：90cm幅 50cm	はさみ　定規　針　糸 ミシン　アイロン

作り方　※型紙はP92　※手縫いの場合は半返し縫い(P27)

1 ひもを作る

2 クラウンとブリムの脇を縫う

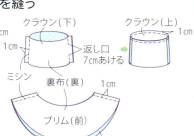

3 ひもをつける

4 クラウンにブリムをつける

5 クラウンにステッチを入れる

6 縫い合わせ、ステッチを入れる

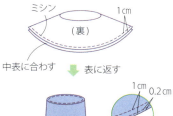

7 クラウンの返し口をとじる（コの字とじ P28）

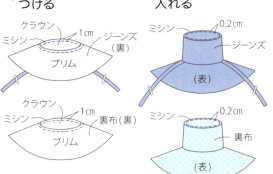

縫い合わせるだけでできる

あったかドカン

漁師さんが防寒対策のために使ったドカンは、頭からかぶる、首周りにするなど、使い方は自由。寒い日にピッタリのアイテムです。

フリースのドカン

内側がフリースならよりあったかいですね。

フリースを表にしてもいいし…コーディネイトを楽しんで！

身につけて楽しむ

脳に‥‥
布選びや、組み合わせを考えるのはもちろん、手やミシンで縫う作業が単純でも脳を刺激します。

心に‥‥
作ったものが使える喜び、心もあたたかくなります。

2つ折りにして首に巻けばネックウォーマーのように使えますね。

フリースのドカン

材 料	用 具
表布：74×53cm フリース：74×53cm	はさみ　定規 針　糸　アイロン

作り方　※半返し縫いはP27、コの字とじはP28

1 表布とフリースを縫い合わす

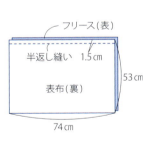

2 縫い代を割る

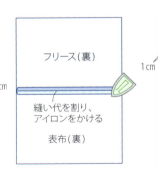

3 脇を縫う　**4** 縫い代を割る

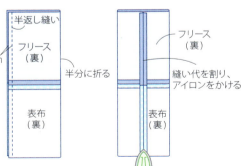

5 上下の端を折る

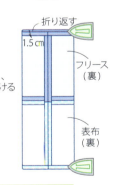

6 半分に折ってとじる

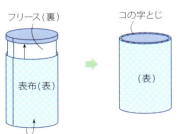

7 上下をステッチする

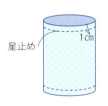

星止め

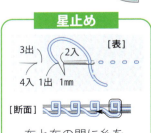

布と布の間に糸を渡しながら縫う

身につけて楽しむ

フリースのアームカバー

材　料
フリース布：
60cm×45cm
刺しゅう糸：適量

用　具
はさみ　定規
セロハンテープ
針　糸
アイロン
刺しゅう針

半返し縫い

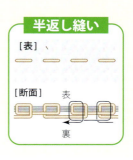

作り方　※型紙はP92

1 布を切る

1 型紙をセロハンテープで貼り、テープごと切ります。

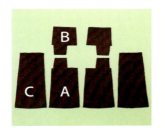

2 左右の全パーツが切れました。

2 縫い合わせる

1 AとBを中表に合わせ、片方の指と切り替えを縫います。

2 広げて、縫い代を割り、上を1cm折り、縫います。

3 元に戻し、反対側の指の脇と切り替えを縫います。

4 角に切り込みを入れます。

5 上下に広げて、Cにのせ、端を縫います。

6 広げて、縫い代を割り、上下を1cm折り、縫います。

7 元に戻し、反対側の脇を縫います。

8 表に返します。

9 上下にブランケットステッチをします。

ブランケットステッチ

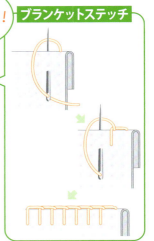

できあがり！

ざくざく縫うだけでできる
万能防災頭巾

いざという時のために、
家族分作っておきたい防災頭巾。
各自、必要な防災グッズを入れて、作りましょう！

防災グッズ入り防災頭巾

頭巾の内側に
防災グッズが入っています！

作り方 P50

身につけて楽しむ

頭巾の内側には防災グッズを収納！ フェイスタオルに必需品を縫いつけています。しつけ糸をほどけばすぐに使えます。

- マスク5枚 下にビニール袋
- シャツ2枚 下にパンツ2枚
- 軍手
- 裁縫セット
- 歯磨きセット
- お金や小銭、保険証の写し等
- フェイスタオル
- 薬
- 靴下
- 靴下

タオルや下着 中身は全部使えます。

※ハンドタオル、バスタオルもこの上につきます。

頭巾の外側の布はエプロンに！

しつけ糸を外して防災グッズを取り出せば、外を包んでいる布はエプロンになります。

ウエストにひも通しがついていて、そこにひもを通すだけ！

厚みはふっくら、頭巾にちょうどいいサイズです。

心に‥‥
いつ来るかわからない震災の不安。これがあれば少し安心ですね。

脳に‥‥
想像することは脳にいい。もしも震災にあったら、どうすればいいのか考えることはいいことです。

防災グッズ入り防災頭巾

材　料	用　具
木綿地：110cm幅×55cm	はさみ
杉綾テープ：2cm幅×150cm	定規
バスタオル	針
フェイスタオル	糸
ハンドタオル	しつけ糸

作り方

1 中に入れる防災グッズをタオルに縫いつける

1 中に入れるものを用意します。

シャツ2枚　パンツ2枚
靴下2足　軍手
マスク5枚
ビニール袋2枚
歯磨きセット
薬　裁縫セット
お金、小銭、保険証の写し等

2 フェイスタオルの下2cm残して**1**を並べ、しつけ糸で縫いつけます。（落ちないように大きな針目で）

2 外布を作る

1 上下を三つ折りで縫います。

[ひも通し位置]
1cm　2.2cm　27cm　27cm　27cm　27cm　1cm

2 ひも通しを糸ループで作ります。

3 上から1cmのところに後ろから糸を出し、針を横に刺します。

4 糸を最後まで引かずにできたループに、指を入れます。

5 糸を持ちます。

6 そのまま引き出します。

7 ループを縮めます。1目できました。

身につけて楽しむ

3 タオルを縫いつける

8 4〜7を長さ2cmになるまで繰り返します。

9 最後のループに針を通します。

10 2.2cm下に縫いつけ、できあがりです。他4本もつけます。

1 フェイスタオルの上にハンドタオルを縫いつけます。

2 ハンドタオルを下に折り、縫いつけます。

3 バスタオルにのせます。

4 バスタオルを半分に折ります。

5 バスタオルの両端を縫います。

4 外布をつける

1 外布の上下左右の中心に3を置きます。

2 左右の両端を折り、タオルに縫いつけます。

3 上下の両端を折り、タオルに縫いつけます。

4 2つに折り、上から30cmをコの字とじ(P28)で縫います。(大きな針目で)

5 4の縫いどまりに、ひもをつけます。

できあがり！

避難の時は、頭巾としてかぶり、避難所ではすべての糸をほどけば防災グッズが使えます。

中身は時々チェックして必要なものに入れ替えましょう。

コラム2
女性グループが教えてくれたこと

ある日、編集の人から
言葉だけで聞いた、バスタオルの防災頭巾。

糸を解けば、中に入れた防災グッズが全てが使える。
すごいアイデアだと思ったら、
そのアイデアを福島の農家の女性グループが
みんなで考えたととのこと。
震災を経験したからこそ
考えられた、ほんとうに役立つ工夫。
そして、みんなで‥‥というのががとても素敵だなと思いました。

私も仲間に入れてもらいたいと思い、
考えていたら、思いついたアイデアが、エプロンでした。
やる気スイッチのあるエプロンが、役に立つのではと。

震災時の炊き出しのエピソードを
記事で読んで知りました。
震災後、女性グループが中心となり
いち早く始まった避難者への炊き出し支援。

自分にできることが、
おにぎりを作ることだったとしても
数個のおにぎりを届けるのは難しい‥‥

女性グループのみんなが作り始め、
そこにたくさんの人が集まってくる。
まとまっている核があれば、何かあった時に動きは早く、
そこから発信できる強さがある。

人は一人では生きられない。
たくさんの人に支えられている‥‥
だからこそ、人のつながりは大切であって、
かけがえのないものだと思います。

　　　手作りも同じです。
　　　みんなで作れば、楽しく。

　　　　　いろいろなアイデアが出てきて
　　　　　より素敵なもの、より便利なものへと
　　　　　ブラッシュアップされていきます。

　　　そして、また家に戻り、
　　　お子さんや知り合いに伝えていく。
　　　１つの輪が核となり、そこには広がる素敵さがあります。

お友達と、家族と作る魅力
女性グループが教えてくれたこと。

横地でできる
カンタンかっぽう着

横地で作るので、袖縫いがありません。
肩と脇を縫ったら、後ろを始末するだけで
カンタンにできるかっぽう着です。

短時間で作れるので、
何枚かまとめて
作ってもいいですね！

花柄の
かっぽう着

ポケットもついて便利です。
好きな柄で作りましょう！

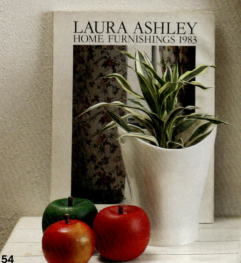

身につけて楽しむ

後ろはまっすぐ縫うだけ！
カンタンです。

脳に‥‥
作るのはもちろん、かっぽう着なので動くことで、体にも脳にもいいです。

心に‥‥
作ったものを着るだけで、働くモードになるのがいいですね。

花柄のかっぽう着

材料
布：110cm幅 2m10cm
平ゴム：0.8cm幅 45cm

用具
はさみ 針 糸 ミシン アイロン

作り方
※製図はP93　※手縫いの場合は半返し縫い(P27)

1 身頃、見返し、ポケットの端の始末をする
ロックミシンまたはジグザグミシン
※手縫いの場合は巻きかがり

2 ひもを作る

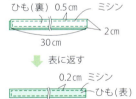

※4本作ります

3 身頃と見返しの肩と脇を縫う

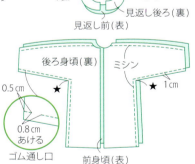

4 ★の部分の始末をする

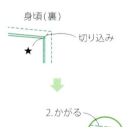

5 ひもを仮止めする

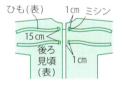

6 見返しをつける

7 首と後ろの端を縫う
見返しを内側に入れる

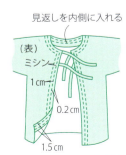

8 裾を縫う

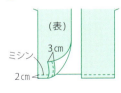

9 ポケットを作る

10 ポケットをつける

11 袖口を縫う

12 ゴムを通す

平ゴムを通して結ぶ

PART 3
自然素材で楽しむ

植物や野菜も
ほんの少しのアイデアで
楽しみに変わります。

自然の中の生きる力。
それを大切にする温かさ。
それを感じることができる素敵な手作りです。

身の回りにそう感じるものがあることで、
毎日が違ってくるように思います。

自然素材で楽しむ ……

手作りと自然とのコラボで
癒される優しい世界が作れます。

楽しいだけでなく
優しい世界 ……味わってみてください。

切った枝がリースに
野菜の端っこが柄に
手作りの面白さを
自然素材で
楽しみましょう。

好きな植物でできる
毛糸の苔玉

とっても可愛い苔玉
お部屋の中が明るくなりますね。
好きな毛糸で作りましょう！

カラフル毛糸の苔玉

毛糸でかわいいだけでなく、乾燥対策もバッチリ！

作り方 P60

自然素材で楽しむ

下げる 毛糸の苔玉

糸を結んでハンモックを作ります。
揺れる植物がいいですね。

作り方 P61

華やかに作って、
プレゼントにもいいですね。

脳に‥‥
土を触り、水苔を触り、
毛糸を触り、水を触る、
いろいろな触感が脳を
刺激します。

心に‥‥
小物に癒され、作った
ことに癒されます。

カラフル毛糸の苔玉

材 料
土
（ケト土：赤玉＝7：3に
肥料を混ぜたもの）
水苔
植物（好みの観葉植物）
ハマナカパッケ：赤(5)

用 具
はさみ
水
お皿

作り方

1 土の玉に植物を植える

1 土の玉を作ります。

2 穴をあけます。

3 植物の根の部分を入れます。

4 土を埋めます。

2 土台を作る

1 水苔を水にひたします。
(30分くらい)

2 1にしぼった水苔を押さえるようにつけます。

3 水苔をつけた状態。

3 毛糸を巻く

1 毛糸を巻きます。

2 全体むらなく巻けたら、糸を切ります。

3 糸端を毛糸の中に入れます。

4 水に浸けます。

できあがり！

明るい場所で育て、乾燥したら水に浸けます。

自然素材で楽しむ

毛糸の苔玉
いろいろ

バリエーション
いろいろな毛糸で巻いてみましょう。
2、3色を交互に巻いてもいいですね。

毛糸の苔玉いろいろ

材料

[白の苔玉]
ハマナカソノモノループ：
白(51)

[青の苔玉]
ハマナカアメリー：
ブルー(15)、青(11)

[緑の苔玉]
ハマナカアメリー：
緑(12)、ピンク(32)、黄(25)

下げる毛糸の苔玉

材料
ハマナカパッケ：オレンジ(4)

作り方

1 120cmの糸4本を中心で結ぶ

2 となり同士の糸を結ぶ

3 もう一度結ぶ

4 苔玉を入れ、結ぶ

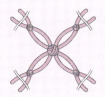

できあがり！

切った枝でできる
葉っぱのリース

伸びてしまった枝を切ったら
リースにしましょう！
ビニールタイでとめるだけで簡単です。

オリーブのリース

オリーブの葉は、表だけでなく
裏の色もきれいなので
素敵なリースができます。

脳に‥‥
丸くしようと工夫すること、葉っぱのバランスを見ること、考えながら作るのがいいですね。

心に‥‥
捨ててしまうものがリースになって、見るたびに心が癒されます。

自然素材で楽しむ

オリーブのリース

材 料	用 具
オリーブの枝：数本 リボン：適量	はさみ 園芸用ビニールタイ

作り方

1 土台を作る

1️⃣ 大きめの枝を切ります。

2️⃣ 土台になる枝を曲げて、丸くします。

3️⃣ 何本か合わせて、丸い輪にします。

4️⃣ ビニールタイでとめます。

2 リースの形にする

5️⃣ 輪にしたところです。

1️⃣ 枝が重なったところに、小さい枝を差し込みます。

2️⃣ ビニールタイでとめます。

3️⃣ 枝と枝の隙間に、次の枝を入れていきます。

4️⃣ リースが本体ができました。

5️⃣ リボンを結び、中心にビニールタイをつけます。

6️⃣ リースにリボンをつけます。

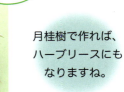

できあがり！

月桂樹で作れば、ハーブリースにもなりますね。

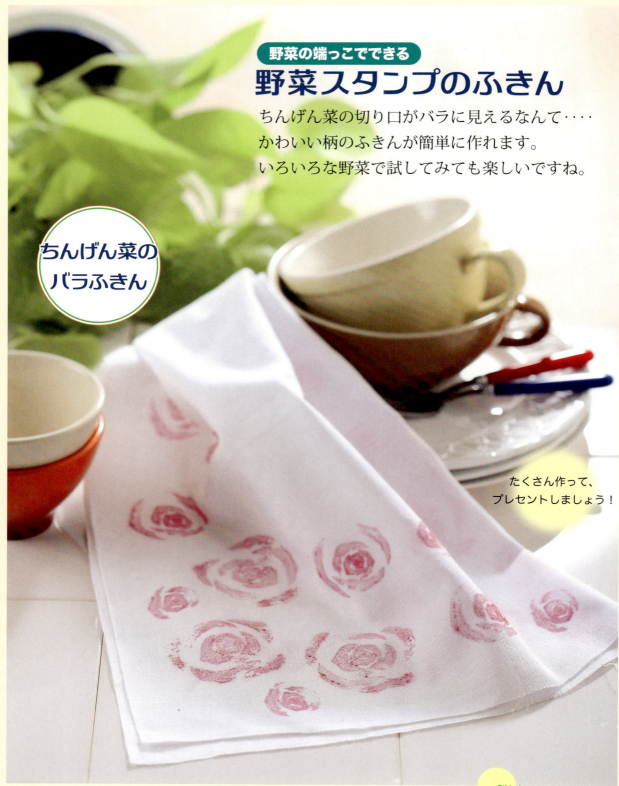

野菜の端っこでできる
野菜スタンプのふきん

ちんげん菜の切り口がバラに見えるなんて‥‥
かわいい柄のふきんが簡単に作れます。
いろいろな野菜で試してみても楽しいですね。

ちんげん菜の
バラふきん

たくさん作って、
プレゼントしましょう！

心に‥‥
捨てるところが役にたったり、思いがけない形に、心が動きます。

脳に‥‥
野菜のどの部分を使うか、どの色にするか、どんな風にデザインするかを考えたりするのがいいですね。

自然素材で楽しむ

ちんげん菜のバラふきん

材料
さらし布：
34cm幅×90cm
野菜：ちんげん菜
　　　れんこん
　　　ピーマン

用具
まな板、包丁
染料スタンプ
アイロン

アイロンをかける
だけで定着します。

作り方

1 ちんげん菜の端を切ります。

2 切り口に色をつけます。
注 水分の多い野菜はティッシュで拭き取ります。

3 ふきんにスタンプします。

4 ちんげん菜の外側を取り、小さくしてスタンプします。

できあがり！

5 乾かしてから、アイロンをかけます。

バリエーション

ピーマンの
クローバーふきん

れんこんの
花ふきん

れんこんの花ふきん

ピーマンのクローバーふきん

色を2色にしたり
並べて押したり‥‥
みんなで作って展覧会をしても！

野菜の端っこでできる
ペットボトルのリボベジ

リボベジは「リボーン・ベジタブル」の略。
野菜の切れ端をペットボトルで再生させて楽しみましょう。

ペットボトルプランター

プランターに少し水を張って、
野菜の切れ端や種を置いて育てます。

ワンポイントは
マニキュアで
つけましょう！

自然素材で楽しむ

どのペットボトルで作るか…
ペットボトル選びも楽しいですね。

アボカド用
切った口を逆さにして育てます。

じゃがいも用
ビーズの足がポイントです。

にんじん用
底の凸凹が少ないものがいいですね。

豆苗用
切った上の部分を
蓋として使えば温室のよう…

脳に‥‥
形に切ったり、マニキュアで描いたり、ペットボトルの形によって違うので、ボトルに合わせて考えるところが多いのがいいですね。

心に‥‥
捨ててしまうところから、植物が成長するところが見られると、優しい気持ちになりますね。

ペットボトルプランター

ペットボトル：500㎖ 1本

用具
油性マーカー（細）
カッター
はさみ
マニキュア
除光液
プラスチック用ボンド
（じゃがいも用に）

アボカド用（小）
作り方

1 ペットボトルを切る

[1] 切るところに印をつけます。（切る位置はペットボトルに合わせて、好きなところで）

[2] 必要のないところにカッターを入れ、切り込みを入れます。

[3] [2]の切り込みからはさみを入れ、大まかに切ります。

[4] きれいに印の通りに切ります。

[5] 下が切れました。

[6] 上が切れました。

[7] 除光液で印を消します。

2 マニキュアで塗る&描く

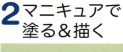

[1] マニキュアで縁を塗ります。

[2] 上ができました。

[3] 点で柄を描きます。

[4] 下ができました。

できあがり！

[5] 組み合わせます。

自然素材で楽しむ

バリエーション

アボカド用（大）　材料　ペットボトル：500㎖　1本

1. ペットボトルに印をつけます。
2. 上と下を切ります。
3. 下になる縁に、1㎝の切り込みを1周入れます。
4. 縁の切り込みを内側に折ります。
5. マニキュアで模様を描き、組み合わせて、できあがり。

じゃがいも用　材料　ペットボトル：1.5ℓ　1本

1. ペットボトルに印をつけます。
2. 本体を切ります。
3. マニキュアで模様を描きます。
4. 底にビーズをプラスチック用ボンドで貼ります。
5. できあがり。

豆苗用　材料　ペットボトル：1.8ℓ　1本

1. ペットボトルに印をつけます。
2. 上と下を切ります。
3. マニキュアで模様を描きます。
4. 組み合わせて、できあがり。

にんじん用　材料　ペットボトル：500㎖　1本

1. ペットボトルに印をつけます。
2. 本体を切ります。
3. マニキュアで模様を描き、できあがり。

どんなペットボトルでも作れるので、ボトルに合わせてデザインしてみてもいいですね。

PART 4
贈って楽しむ

1つめは自分のために作ります。
楽しいとまた、作ってみたくなります。
2つめは人のため……

今ちょっと人気の小物だったり
持ち歩けたり、使っていただけたり …
その人に合わせて作るのが大切です。

いただいて嬉しいのはものだけではありません。
作った時間だったり、想いが1番です。

贈って楽しむ ……

贈る側もその想いで作っている時も
ワクワクすることと思います。

贈る為の手作り、初めてでも大丈夫。
大切な人を想って作ってみてください。

作ったものを使う
作ったものを贈る
手作りの醍醐味を
贈って
楽しみましょう。

口金で簡単にできる
かわいいがま口

難しそうながま口ですが、意外と簡単。
入れ口の布端を口金にボンドで貼るだけ！
いろいろな大きさで作ってもいいですね。

古い着物のがま口

思い出の着物で作るがま口
大切な思い出を形に。

世界に1つのがま口を
作りましょう！

脳に‥‥
柄の位置を選んだり、
がま口をつけたりと考
えながらやるところが
多いのがいいですね。

心に‥‥
持ち歩けるものを作るの
は、見るたびに心があた
たかくなりますね。

作り方 P74

贈って楽しむ

ピンクの がま口

素敵な布で作って
プレゼントしても喜ばれますね。

いろいろな形の口金に
チャレンジしてみるのも
いいですね。

ブルーの がま口

口紅やミラーを入れても
ちょうどいいサイズ
毎日、持ち歩けて便利。

古い着物のがま口

材料
表布（古い着物）
裏布：35cm×20cm
接着芯：35cm×20cm
口金：シルバー 角型8.5cm×3cm
紙ひも

用具
セロハンテープ
はさみ　針　糸
定規　アイロン
木工用ボンド
竹串　目打ち
ペンチ

作り方

1 布を作る

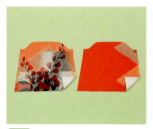

1 セロハンテープで布に型紙を貼ります。
2 セロハンテープごと布を切ります。
3 表布(着物)、裏布、接着芯を同じ大きさで2枚ずつ切ります。
4 アイロンで表布に接着芯を貼ります。

2 縫う

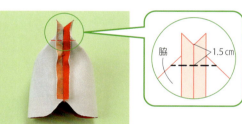

1 表布(着物)、裏布、それぞれ中表にして、まわりを縫います。
2 底の角を三角にたたみます。
3 端から1.5cmの底マチを縫います。

4 表布(着物)、裏布をそれぞれ縫います。
5 表布(着物)を表に返し、裏布を入れます。
6 入れたところです。

3 口金をつける

1 口金の溝に木工用ボンドを竹串でつけます。

贈って楽しむ

2 目打ちで布端を入れます。

3 入れたところです。

4 紙ひもを入れます。

5 入れたところです。(反対側も **1**〜**4** まで同じ)

6 口金の根元を布をはさんで、ペンチで押さえて固定します。

できあがり！

実物大の型紙
※縫い代なし。

口　金

バリエーション
ピンクのがま口

ブルーのがま口

表布が違うだけで、他の材料、作り方、型紙は同じです。

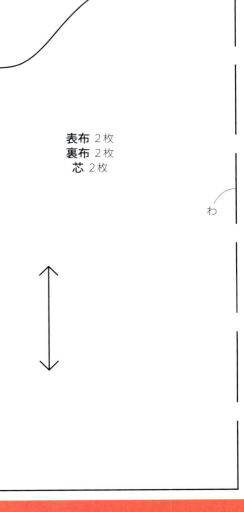

表布 2枚
裏布 2枚
芯 2枚

わ

あっという間にできる
腕編みマフラー

編み針を使わずに2本の腕で編みます。
30分くらいでできるので
ぜひ、チャレンジしてほしい編み物です。

ベージュの腕編みマフラー

ボリュームがあるので、
暖かな上にゴージャスで
おしゃれです。

心に‥‥
身につけられるものは、人に見せることも多いので、褒められたりすると、嬉しくなります。

脳に‥‥
腕や手を動かすことで、運動にもなり、脳を刺激し続けるのがいいですね。

ベージュの腕編みマフラー

材料
ハマナカコンテ：
ベージュ(1) 200g
ハマナカソノモノループ：
薄茶(52) 80g

用具
はさみ

大きさ
24cm幅 160cm

作り方
※コンテ2本ソノモノループ1本の3本どりで編みます。

1 始めの目を作る

1 糸端から編む幅の4倍の長さのところで輪を作り、手を入れます。

2 編み糸を持ち、そのまま引き出します。

3 右手に通し、引き締めます。1目できました。

2 作り目をする

1 写真のように、左手で糸を持ちます。

2 右手の人さし指で左手の親指の手前の糸(♥)をすくいます。

3 奥の糸(★)をつまんで引き出します。

4 左手の親指をはずします。

5 (■)の輪に右手を通します。

6 2目めができました。

7 糸を引き締めます。

8 1〜7を繰り返し、8目編みます。

9 編み始めの糸と編み糸を結びます。

3 2段めを編む

編み糸

1 右手で編み糸を持ちます。

2 右手にかかっている糸1目に引き抜きます。

3 引き抜けました。

4 引き抜いた輪に左手をかけます。
※輪をねじらないようにします。

5 左手にかけました。

6 右手で糸を引き締めます。

7 3の1〜6を繰り返し、2段目を編みます。

4 40段めまで編む

1 左手に編み糸を持ち、左手にかかっている糸を引き抜きます。

2 引き抜けました。

3 引き抜いた輪を右手にかけます。
※輪をねじらないようにします。

4 右手にかけました。

5 左手で糸を引き締めます。

6 4の1〜5を繰り返し、3段めが編めました。

7 3、4を繰り返し、40段めまで編みます。

5 伏せどめをする

1 2目編みます。

2 はじめの糸を持ちます。

贈って楽しむ

3 持った目を2目めにかぶせながら左手からはずします。

4 はずしました。

5 右手で糸を引き締めます。

6 次の目を編みます。

7 5の**2**〜**6**を繰り返し、最後まで伏せ目をします。

8 糸を切り、最後の目に通します。

9 引き締めて伏せどめができました。糸端は編み目に通します。

できあがり！

バリエーション

紺色のマフラー

糸の組み合わせを変えるとまた、違った雰囲気に。

紺色のマフラー

材料

ハマナカコンテ：
紺(6) 200g
ハマナカソノモノループ：
白(51) 80g

※コンテ2本、ソノモノループ1本の3本どりで編みます。

79

小さな布でできる
刺し子コースター

余り布があったら
刺し子でコースターを作りましょう。
一針一針ゆっくりていねいに作りましょう。

縁起物の図案は人気です。
プレゼントしても喜ばれます。

縁起物のコースター

ふくろうにダルマに富士山
作るだけで福が来そうな
コースターです。

図案 P89

脳に‥‥
一針一針、絵を想像し
ながら縫うことで、楽
しく頭が働きます。

心に‥‥
福を思う気持ちは前向
きで、気持ちに張りが
でてきます。

縁起物のコースター

材料
木綿地：24cm×12cm
刺し子糸

用具
はさみ
針　糸　まち針
チャコペーパー
透明シート（お菓子の袋など）
ペン　アイロン

作り方　※実物大の図案はP89

1 コースターを作る

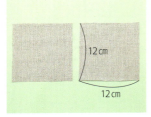

① 布を2枚切ります。

② 重ねて、返し口をあけて、糸でまわりを縫います。

③ 表に返し、アイロンをかけます。

④ 返し口をコの字とじ(P28)で縫い合わせます。

2 周りを刺す

① 刺し子糸で、3目手前に後ろから針を出します。
（玉止めはしません）

② 3目縫い進みます。

③ 角で折り返し、重ねるように縫います。

④ 最後も3目戻り、糸を切ります。

3 図案を写し、刺す

① チャコ、図案、透明シートの順に重ね、まち針でとめます。

② 図案をペンでなぞります。

③ 写された図案のあとを、周りと同じ要領で刺していきます。

できあがり！

④ 全部刺します。

塗り絵でできる
プラ板ブレスレット

プラ板に色えんぴつで
輪郭を描いて塗るだけで
雰囲気のあるパーツができます。
大きく描いて縮めるのがいいですね。

野菜やフルーツのブレスレット

パーツを作ってつなぐだけ！
かわいいブレスレットができます。

子どもたちと一緒に
作ってもいいですね！

心に‥‥
かわいいこものは気持ちがあたたかく、優しくなります。

脳に‥‥
絵を描くのは、塗り絵であっても、様子を見ながら判断の連続なので脳を鍛えます。

贈って楽しむ

野菜のブレスレット

材　料	用　具
プラ板シート	紙ヤスリ　セロハンテープ
チェーン	色えんぴつ　はさみ
丸カン	穴あけパンチ
留め具	オーブントースター
	アルミホイル
	抑えるもの（まな板など）
	ペンチ

フルーツのブレスレット

※作り方は野菜のブレスレットと同じ

作り方 ※実物大の図案はP89

1 プラ板に絵を描く

1 プラ板に紙ヤスリをかけます。

2 プラ板の裏に図案を貼ります。

3 色えんぴつで輪郭をなぞり、色を塗ります。

4 はさみで切ります。

5 穴あけパンチで穴をあけます。

2 プラ板を縮める

1 熱したオーブントースターに入れ、小さくなったら取り出します。

2 上から平らなもので押さえます。

3 できました。

3 ブレスレットにする

4 他のパーツも作ります。

1 チェーンに丸カン2個でパーツをつけます。

2 パーツを等間隔につけます。

できあがり！

3 留め具をつけます。

細編みでできる
洗剤のいらないタワシ

かぎ針編みの細編みだけでできます。
水だけで汚れが落ちる
驚きのタワシです。

野菜のタワシ

汚れが落ちるのは、毛糸に秘密があります。ミクロの繊維が汚れを落とします。

脳に‥‥
編みものは1目ごとに数えたりするので、脳がずっと動いているのがいいです。

心に‥‥
編みもの自体に癒し効果があり、作ったものが使える嬉しさもあります。

贈って楽しむ

野菜のタワシ（にんじん）

材料
ハマナカボニー：
オレンジ(434) 10g
きみどり(476) 5g
スポンジ：適量

用具
7.5号かぎ針
とじ針

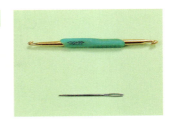

※大根・トマト・パプリカ・ピーマンのタワシの材料・編み図はP88

作り方 ※編み図はP88

1 わの作り目を編み、立ち目を編む

1 指先に糸を2回巻きつけ、わを作ります。

2 輪の中に針を入れ、糸をかけます。

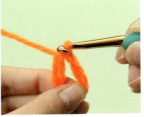
3 2の糸を引き出します。

4 針に糸をかけます。

2 1段めを編む　　　　　　　　細編み

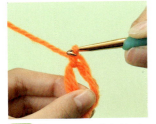
5 4の糸を引き抜き、くさり編み(立ち目)ができました。

1 輪の中に針を入れ、糸をかけます。

2 1の糸を引き出します。

3 もう一度、針に糸をかけます。

細編み ✕

4 針にかかっている2目を一度に引き抜き、細編みが1目できました。

5 細編みを3目計4目編みます。

6 わを作った糸を引き締めます。

引き抜き編み

7 初めの細編みの目(★)に針を入れます。

引き抜き編み

8 針に糸をかけ、引き抜きます。

3 2段めを編む

1 立ち目を編みます。

2 次の目に針を入れ、細編みを編みます。

細編み2目編み入れる

3 同じ目にもう1目細編みを編み、細編み2目編み入れるが編めました。

4 3段め～11段めまで編む

4 細編み2目編み入れるを3目計8目編み、はじめの細編みの目に針を入れて引き抜き、2段目が編めました。

1 立ち目を編み、細編みを3目編み、細編み2め編み入れるを編みます。

2 編み図の通りに編み、3段めが編めました。

3 編み図の通りに編み、4段めが編めました。

5 13段めまで編む

4 繰り返し、11段めまで編みます。

1 立ち目を編みます。

2 次の目に針を入れます。

細編み2目一度（減らし目）

3 糸をかけ、引き抜きます。

細編み2目一度（減らし目）

4 次の目に針を入れます。

5 糸をかけ、引き抜きます。

6 糸をかけ、もう一度3本一度に引き抜き、2目一度が編めました。

7 編み図の通りに、12段めを編みます。

贈って楽しむ

8 編み図の通りに、13段めを編みます。

9 糸を切り、引き抜きます。

6 中にスポンジを入れる

1 スポンジを2cm角に切ります。

2 にんじんの中にスポンジを詰めます。

3 残り糸にとじ針をつけ、口を1目ごとに縫い1周します。

4 糸を引っ張り、とじます。

5 にんじんのできあがりです。

7 葉を作る

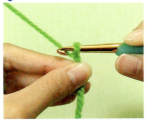

1 わを作り針を入れます。

2 針に糸をかけます。

3 そのまま引き抜き、くさり編みを編みます。

4 くさり編みを2目編みます。

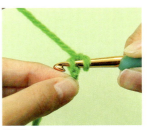

5 はじめのくさり編みの目に針を入れます。

細編み2目編み入れる

6 細編み3目編み入れるを編みます。

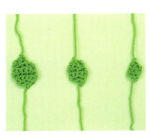

7 編み図の通りに、葉を3枚編みます。

8 葉をつける

1 葉の糸にとじ針をつけ、本体に3枚つけます。

できあがり！

87

P84 にんじんのタワシ

編み図
[本体]

[葉っぱ・大]

バリエーション
大根のタワシ

材料
ハマナカボニー：
白(401) 10g
きみどり(476) 5g

作り方・編み図は
にんじんと同じ。

本体の目の増減の仕方		
13	−5	→ 6
12	−4	→ 11
8〜11	±0	→ 15
7	+3	→ 15
6	±0	→ 12
5	+2	→ 12
4	±0	→ 10
3	+2	→ 10
2	+4目	→ 8目
1段め	わの中に細編み4目	

[葉っぱ・中] [葉っぱ・小]

トマトのタワシ

材料
ハマナカボニー：
赤(429) 15g
緑(427) 5g

パプリカのタワシ

材料
ハマナカボニー：
黄(432) 15g
緑(427) 5g

編み図
[本体]

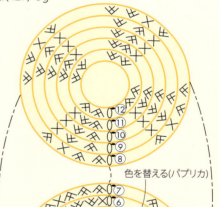

色を替える(パプリカ)

本体の目の増減の仕方		
12	−8	→ 8
9〜11	±0	→ 16
8	−12	→ 16
7	−24	→ 28
6	+24	→ 52
5	+16	→ 28
4	+8	→ 12
2・3	±0目	→ 4目
1段め	わの中に細編み4目	

編み図
[本体]

本体の目の増減の仕方		
10	−8	→ 8
9	−8	→ 16
4〜8	±0	→ 24
3	+8	→ 24
2	+8目	→ 16目
1段め	わの中に細編み8目	

縫いつける

[ヘタ]

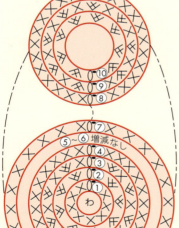

編みはじめ
作り目
くさり編み3目

ピーマンのタワシ

材料
ハマナカボニー：
緑(427) 20g

編み図はパプリカと同じで色替えはしない。

贈って楽しむ

P80 刺し子のコースター
実物大の図案
刺し子糸1本どり

エコで楽しむ

P17 お花のカゴ
花の作り方

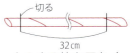

くるくる棒を平たくつぶして切ります。

端を少し残し、5cmごとに輪にし、花びらを作ります。

中心にワイヤーを巻きつけてとめます。

P82 プラ板ブレスレット
図案
図案はできあがりの大きさです。
使用するプラ板の縮小率に合わせて、拡大してください。
（P82の作品は250％に拡大して作りました）

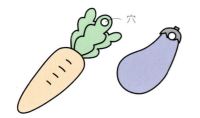

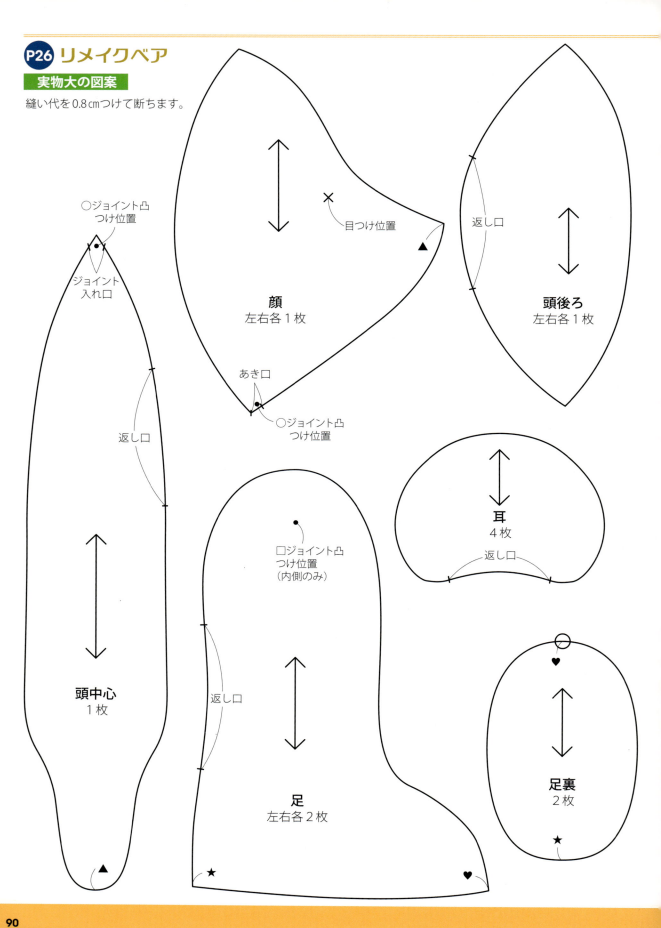

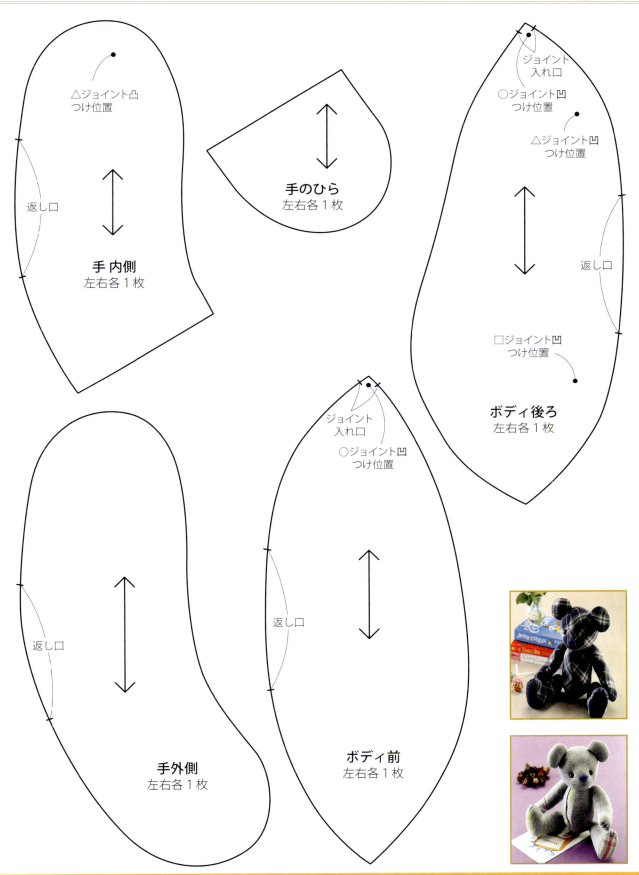

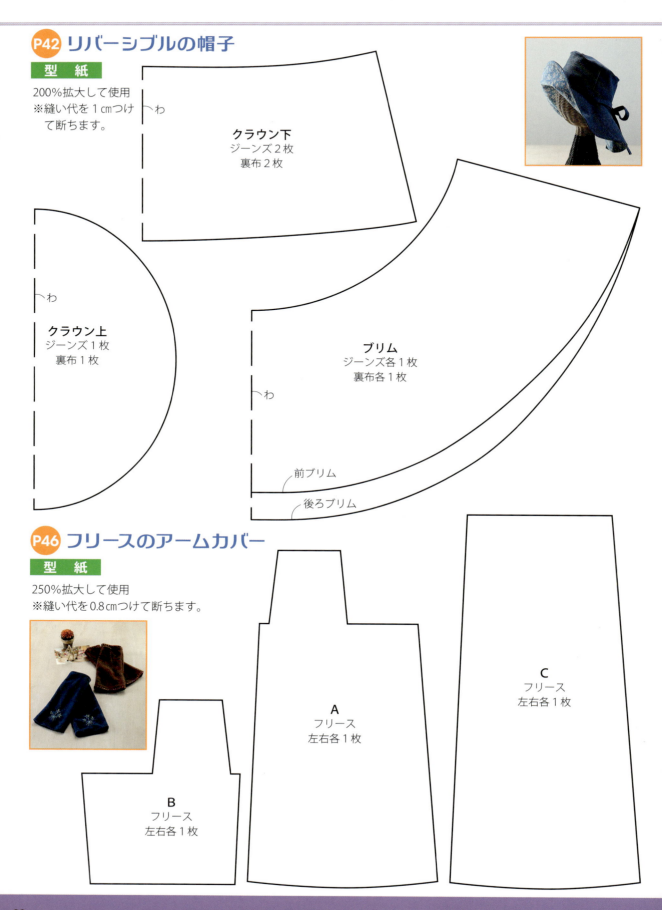

P46 青いアームカバー

実物大の図案

刺しゅうは25番刺しゅう糸6本どり

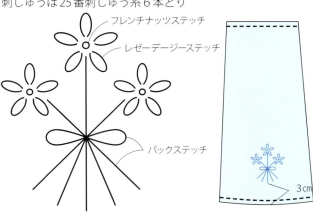

バックステッチ

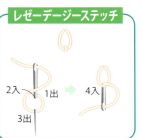
レゼーデージーステッチ

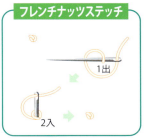
フレンチナッツステッチ

P54 花柄のかっぽう着

製図 ※( )の縫い代をつけて断ちます。

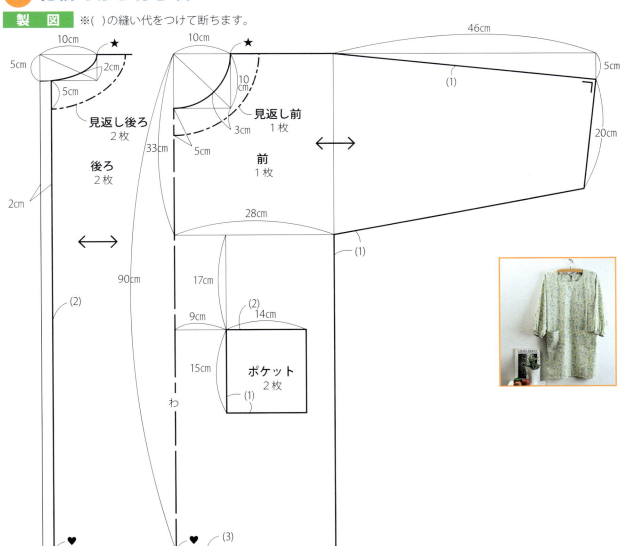

おわりに

毎日の小さな喜びや
小さな感動が
生活を豊かにしてくれます。

手作りには感動がいっぱいです。
そして、
そこから何かが始まります。

自分はもちろん、まわりにまで
たくさんの笑顔を作り出します。

その笑顔が脳や心に響き
手作りが生きる力に変わることを
信じています。

祖母や曾祖母のように
そして、母のように
作ることをやめないで‥‥

楽しく過ごすことができればと思います。

豊かな生活‥‥

手作りが、
楽しく生きることにつながっているのを
感じてもらえることを‥‥願っています。

寺西　恵里子

寺西 恵里子（てらにし えりこ）

手芸作家。㈱サンリオに勤務し、子ども向け商品の企画デザインを担当後、独立。手芸、料理、工作を中心に、手づくりのある生活を幅広くプロデュースしている。実用書、女性誌、子ども雑誌、テレビと多方面で活躍。手づくり関連の著書は550冊を超え、ギネスブックに申請中。

著書

『かわいい リメイク・エコ雑貨』(PHP研究所)
『チラシで作るバスケット』(NHK出版)
『きれい色糸のかぎ針あみモチーフ小物』(主婦の友社)
『いっぱい作って！ 遊ぼう！
　フェルトのおままごとこもの』(ブティック社)
『ひとりでできる！ For Kids！
　子どもの手芸　かわいいラブあみ』(日東書院本社) ほか

撮　影	成清 徹也　奥谷 仁
デザイン	ネクサスデザイン
作品制作	森 留美子　千枝 亜紀子　齋藤 沙耶香 室井 佑季子　野沢 実千代　奈良 縁里
協力(P48)	JAふくしま未来 福島地区女性部

素材協力

この本に掲載しました毛糸の作品はハマナカ株式会社の製品を使用しています。糸・副資材のお問い合わせは下記へお願いいたします。

ハマナカ株式会社
京都本社
〒616-8585　京都市右京区花園薮ノ下町2番地の3
電話 075(463)5151(代表)
ハマナカコーポレートサイト　www.hamanaka.co.jp
e-mailアドレス info@hamanaka.co.jp
手編みと手芸の情報サイト「あむゆーず」www.amuuse.jp

かんたん 手づくり雑貨
身近な材料でハンドメイド

2017年2月1日発行

著　者	寺西 恵里子
発行者	髙杉 昇
発行所	一般社団法人 家の光協会 〒162-8448 東京都新宿区市谷船河原町11 TEL 03-3266-9029（販売） 　　 03-3266-9028（編集） 振替00150-1-4724
印刷・製本	大日本印刷株式会社

乱丁・落丁本はお取替えいたします。
定価はカバーに表示してあります。

©Eriko Teranishi 2017 Printed in Japan
ISBN 978-4-259-56530-5 C0077